AF497941

LES PETITS COMEDIENS,

OPERA COMIQUE

EN UN ACTE.

PAR

Mrs. PANARD ET FAGAN.

A LA HAYE,

Se vend chez PIERRE GOSSE Junior,

Libraire de S. A. R.

1750.

ACTEURS, *du Prologue.*

JULIE.

LE CHEVALIER.

L'EPINE, Valet du Chevalier.

LA RANCUNE, Comédien.

LES
PETITS
COMEDIENS,
OPERA COMIQUE.

SCENE PREMIERE.

JULIE, LE CHEVALIER.

JULIE.

HÉ bien Chevalier, nous tiendrez-vous parole ?

AIR : *Je ne suis ni ni Roi ni Prince.*

Pour amuser la Compagnie,
Aurons-nous cette Comédie
Dont vous parlez depuis longtems ?
LE CHEVALIER
Assurez-vous, belle Julie,
Que vos desirs seront contens.
Si rien ne trompe mon envie.

A 2

J'y

J'y ai envoyé hier. L'Epine y eft allé encore ce matin, je l'attends. Il y a deux lieuës d'ici a Tours il ne faut pas encore s'impatienter.

JULIE.

Je ferois très mortifiée que cela nous manquât. Vous fçavez que nous aurons ce foir une affemblée nombreufe, qui compte fur cette fête, quelle piéce avez vous demandée?

LE CHEVALIER.

Iphigenie.

JULIE.
La troupe eft-elle bonne?

LE CHEVALIER.

Comment! ce font des Acteurs de Réputation. Qui ne connoit le célèbre la Rancune, l'incomparable Ragotin? Mais j'aperçois l'Epine, nous en allons fçavoir des nouvelles.

SCENE II.
LE CHEVALIER, JULIE, L'EPINE.

LE CHEVALIER.

LEs Comédiens font-ils en chemin?

L'EPINE.

Oüi.

JULIE.

Les aurons-nous bientôt?

L'EPINE.

Non.

JULIE.
AIR: Et pourquoi donc, comment cela.

Quel eft donc ce langage?

L'EPINE

COMEDIENS.

5

L'EPINE.

Je parle juste.

LE CHEVALIER.

Hé bien,

L'EPINE.

Ils ont fait un voyage,
Qui n'aboutit à rien,

LE CHEVALIER & JULIE.

Ho ho, ha ha,
Et pourquoi donc, comment cela?

L'EPINE.

AIR : *ab, ab, ab, je ris de bon cœur.*

N'en accusez que le malheur ;
Je viens d'être le spectateur
D'une avanture fort Tragique,
Qu'a souffert la troupe Comique.

AIR : *Sans dessus dessous, sans devant derrière.*

Ici près je viens de les voir   bis.
Barboter dans un abrevoir   bis.
La Charrete étoit dans l'ornière,
Sans dessus dessous, sans devant derrière,
Acteurs, Actrices, étoient tous
Sans devant derrière, sans dessus dessous.

LE CHEVALIER.

Que nous dis-tu là?

JULIE.

Comment cela est-il arrivé?

L'EPINE.

Voici l'illustre la Rancune qui vous en fera
le recit.

A 3   SCENE

SCENE III.

LA RANCUNE, *& les Acteurs de la Scene précédente.*

LA RANCUNE, *un bras en Echarpe, & un Em-*
platre fur la jouë.

Jamais nous ne goutons de parfaite allégreffe,
Nos plus heureux fuccès font mélés de trifteffe.
Madame, je comptois que ma troupe aujourdhui
De cet heureux féjour viendroit chaffer l'ennui;
Chacun s'étoit flaté de la douce Efpérance,
D'étaler à vos yeux fon art & fa Science.
Mais un malheur fubit a trahi nos defirs,
Renverfé notre Efpoir & détruit vos plaifirs.
Nous avions prefque fait les trois quarts du
          voyage,
Et nous voyions déja les Clochers du Village,
Quand un maudit Chaffeur, que le Ciel en cour-
          roux,
Pour punir nos forfaits, fit approcher de nous,
Vit un oifeau perché fur la branche d'un hêtre,
Sa main dans le moment mit l'amorce au falpêtre,
Il approche, il ajufte, & d'un coup effrayant,
Fait voler dans les airs le métal foudroyant;
La terre s'en emeut, les antres en frémiffent,
De nos courfiers fringuans tous les crins fe
          hériffent,
La terreur les faifit, & de colère ardents
Soudain nous les voyons prendre le mors au
          dents,
Du guide confterné la voix foible & tremblante
                                        Tache

Tache en vain d'apaiſer leur fougue violente,
La Voiture entrainée au gré de leur fureur
Va donner contre un roc d'une énorme groſſeur,
L'eſſieu crie & ſe rompt, ô ſpectacle terrible,
Capable d'attendrir, l'ame la moins ſenſible!
Dans un marais bourbeux Ragotin renverſé,
Et dans ſes brodequins lui-même embaraſſé,
Après avoir longtems dans un confus mélange
De livres, de paquets, de pouſſiére & de fange,
Lutté contre la mort, la fortune & les Dieux,
Reſte à la fin ſans force & périt a nos yeux,
J'ai vû Seigneur, j'ai vû les ronces de goutantes
Porter de ce héros, les dépouilles ſanglantes,
Comme lui maint Acteur dans ſon ſang eſt baigné
Et c'eſt moi que le ſort a le plus épargné.

LE CHEVALIER.

LE CHEVALIER.

JULIE.

Monſieur, en verité je plains vôtre Situation,
mais il nous faut la piéce promiſe.

LE CHEVALIER.

Oui, duſſiez vous tous mourir ſur la Scene.

AIR: *Mr. la paliſſe.*

Vous la joüerés.

LA RANCUNE.

Hé, comment
Satisfaire votre envie?
Peut-être dans ce moment
L'on trépane Iphigenie.
S'y vous voyiez dans quel état eſt Agamemnon,

AIR: *Dans un amoureux miſtère.*

Pouvons-nous ſur le Théatre
Mettre un Roi tout fracaſſé?
Achile porte un emplâtre,
Uliſſe a le bras caſſé,
De notre Orqueſtre
Un inſtrument s'eſt briſé,
Sur Clitemneſtre.

A 4

LE CHEVALIER.

Trouvez nous donc quelque expédient pour nous tirer d'affaire. Je ſuis engagé d'honneur pour cette piéce.

JULIE.

N'y auroit-il pas un moyen de nous en dé-domager.

LA RANCUNE.

Ma foi, je n'en ſçai point à moins que . . . , mais non,

JULIE.

Expliquez vous.

LE CHEVALIER.

Que voulez-vous dire ?

LA RANCUNE.

Que nous avons une eſpéce de reſource, mais ſi foible, ſi légére, que je n'oſe preſque pas vous la propoſer.

LE CHEVALIER.

Quelle eſt elle ?

JULIE.

Voyons.

LA RANCUNE.

C'eſt une petite troupe compoſée de ma Famille.

LE CHEVALIER.

Hé bien !

LA RANCUNE.

Elle nous ſuit dans une voiture ſéparée, je crois qu'elle ne tardera pas d'arriver.

JULIE.

Penſez-vous qu'elle puiſſe nous amuſer ?

LA RANCUNE.

Je n'ôſe me flater de cet avantage, mais ce que je puis vous aſſurer, c'eſt que ces Comediens-là n'ont pas encore été ſifflez, ce ſont des Acteurs tous neufs dont le doyen n'a pas encore quatorze ans.   AIR:

Air; *Quand je tiens de ce jus d'Octobre.*

Si de cette troupe novice
Vous voulez bien vous contenter,
Ils entreront bientôt en lice,
Et je vais vous la préfenter,
JULIE.
Que dites-vous Chevalier?
LE CHEVALIER.
Puifque nous ne pouvons avoir mieux, il faut les voir.
LA RANCUNE.
Je vais les chercher.
JULIE.
Repréfenteront-ils la piéce que vous nous aviez promife?
LA RANCUNE.
Non, Madame. Comme ils n'ont pas encore la voix affez forte pour le pathétique, ils vous donneront une petite Comédie intitulée : La Niéce vangée ou la double furprife.
LE CHEVALIER.
Nous les allons attendre dans cette Sale.
LA RANCUNE, *au parterre.*
Meffieurs, je me flatte que vous voudrez bien avoir quelque indulgence pour de jeunes Eléves qui ne rifquent cet effai que dans la confiance que vous leur ferez favorables, perfuadez que s'ils ont quelques petits fuccès ils ne peuvent les devoir qu'à vos bontez.

Air : *Menuet de Mr. Granval.*

S'ils n'ont pas l'honneur de vous plaire,
Epargnez-les; c'eft moi Meffieurs,
Qui doit porter votre colere,
J'ai fait la Piéce & les Acteurs.

Fin du Prologue.

A 5　　　AC-

ACTEURS de la Piéce.

ORONTE, *Frère de Mde Argante.*

ARGANTE, *Tante de Lisette.*

LISETTE, *Amante de Clitandre.*

CLITANDRE, *Amant de Lisette.*

CRISPIN, *Valet de Clitandre.*

UN NOTAIRE.

La Scène est chez Mde. Argante.

LES PETITS
COMEDIENS.

SCENE PREMIERE.

CLITANDRE *feul.*

QU'un Amant eft à plaindre, quand il ne peut voir ce qu'il aime.

Air: *Dirai-je mon confiteor.*

Le charmant objet de mes vœux
Eft fous la garde d'une Tante,
Qui l'obféde & fuit en tout lieux;
Hélas! quelque effort que je tente,
Mille obftacles m'ôtent l'efpoir
De lui parler & de la voir.

Encore fi j'avois le fecours de Crifpin, mais le Maraud m'a quitté depuis quatre jours fans me rien dire, je ne fçai ce qu'il eft devenu; dans cette extrémité je ne puis recourir qu'a l'Amour.

Air: *Flambeau des Cieux.*

Va, Dieu charmant,
De la part d'un berger fidelle,
Trouver Lifette en ce moment.
Amour c'eft elle,

Dont

Dont la douceur
T'a de mon cœur
Rendu vainqueur.
Non je ne puis
Lui découvrir l'état où je fuis,
Va l'informer de mes ennuis,
Puiffant Dieu l'ance tes traits,
Fais que la Belle deformais,
Me foulage,
Et partage
Les maux que fes yeux m'ont faits.

SCENE II.

CRISPIN, CLITANDRE.

CLITANDRE *à part.*

Ciel ! que vois-je Crifpin ?
C'eft lui même, il me paroit bien intrigué.
AIR : *Talalerire.*

Ah ! te voilà donc, double traitre ;
Quand j'ai le plus befoin de toi,
Peux-tu quitter ainfi ton Maitre ?
Aproche, parle, réponds moi ;
Pour t'excufer que peux tu dire ?
CRISPIN *fe promenant.*
Talaleri, talaleri, talalerire.
CLITANDRE.
C'en eft trop. Il faut que dans le fang d'un per-
fide....
CRISPIN *gravement.*
Tout, beau épargnez votre bien-faiteur.

AIR :

AIR: *Allons gay.*

Sçachez, qu'avec adreſſe
J'ai ſervi votre Amour;
Allons, plus de triſteſſe;
Reprenez en ce jour
Un air gay toûjours gay....

CLITANDRE.

D'où viens tu?

CRISPIN.

De là.

CLITANDRE.

Où as-tu été?

CRISPIN.

Dans cette maiſon.

CLITANDRE.

Qu'as-tu fait?

CRISPIN.

Votre Cour.

CLITANDRE.

Qu'as-tu dit?

CRISPIN.

Des menteries: par exemple, j'ai aſſuré votre
Maîtreſſe.

AIR: *Que j'eſtime mon cher voiſin.*

Que rien n'éteindra le déſir
Qui regne dans votre ame,
Que l'on verra plûtôt finir
Vos jours que votre flame.

CLITANDRE.

Tes plaiſanteries me font mourir.

CRISPIN.

Je vais vous faire revivre. Ecoutez. En ro-
dant autour de cette maiſon, pour tacher de
faire

faire quelque découverte favorable à notre A-
mour, j'ai apris que Madame Argante, Tante
de la jeune Lisette, avoit besoin d'un Domestique affidé : je me présente, je parle, je plais ;
on me reçoit si bien que je suis aujourdhui le
fac - totum du logis, & le Confident de la Maîtresse.

CLITANDRE.

AIR : *Boire à son tiretireli.*

Vois-tu, pour mon bonheur,
Quelque ombre d'aparence ?

CRISPIN.

L'objet de votre ardeur
M'en donne l'espérance ;
Votre air flateur,
Doux Enchanteur,
Lui tient au cœur.

CLITANDRE.

Quoi ! il seroit possible, que ne l'ayant vuë
qu'une fois & sans lui parler....

CRISPIN.

L'Amour fait des progrez rapides dans le cœur
d'une Agnez. Je vous garantis celle-ci dans nos
filets.

CLITANDRE.

Que je t'embrasse, mon cher Crispin.

CRISPIN *fierement.*

Non, non, je suis un maraut, un double
traitre.

CLITANDRE.

Quand je pense que je possederai la charmante Lisette.

CRIS-

CRISPIN.

Il y a encore du chemin à faire, la Tante
n'eſt pas aiſée ſur le chapitre de ſa Niéce, mais
nous en viendrons à bout ; repoſez vous ſur cette
tête-là.

AIR : *C'eſt ma déviſe.*

Pour bloquer, combatre, aſſiéger,
    Je ſuis un Maître,
Ma valeur dans plus d'un danger
    S'eſt fait connoître.
Sçachez que j'ai toûjours fini
    Une entrepriſe,
Et que Veni, Vidi, Vici,
C'eſt ma déviſe.

Ce qui augmente beaucoup mes eſpérances,
c'eſt que Madame Argante a pour frère Monſieur Oronte, qui eſt fort dans les intérêts de
ſa Niéce ; ils ont ſouvent des petits démêlez à
ſon ſujet. Tenez, les voilà qui ſont aux priſes
Retirons nous.

SCENE

SCENE III.
ARGANTE, ORONTE.

AIR: *Morguienne de vous.*

Ensemble.
Morguienne de vous, quel homme,
    quel homme,
Morguienne de vous, quel homme é-
    tes-vous?
Morguienne de vous, quel' femme,
    quel' femme,
Morguienne de vous, quel' femme é-
    tes-vous?

ORONTE.

On ne peut vous dire une parole.

ARGANTE.

En voilà déja plus de six que vous dites inu-
tilement.

AIR: *La sombre dondaine.*

Vous perdez votre peine,
La son, la son, la sombre dondaine,
Vous perdez votre peine,
Le beau donneur d'avis,
    Pataty,
    Patapon,
Le joli, le Mignon.

ORONTE

Ma Sœur.

ARGANTE.

Hé bien, mon Frère.

ORONTE.

Entendez raison une fois dans la vie. Comment voulez - vous pourvoir votre Niéce, si
vous la tenez toûjours renfermée ?

AR-

ARGANTE.

Ce sont mes affaires.

ORONTE.

Vous croyez qu'elle en sera plus sage. Erreur.

AIR: *Pan, pan, pan, la poudre prend.*

Souvent trop de captivité
Nuit plus qu'un peu de liberté;
Dès qu'un Amant s'offre à la vûë
D'une fille trop retenuë,
Pan, pan, pan,
Son cœur se prend,
La Belle est en feu dans l'instant.

ARGANTE.

Belle maxime! Allez, vous ne sçavez ce que
vous dites.

ORONTE.

Est-il possible qu'une femme de votre âge....

ARGANTE.

Une femme de mon âge, oh! je l'avoüe.

AIR: *Le bois de Bologne.*

Je ne suis plus dans mon printems,
Pour vous dans l'éclat de vos ans,
Vous êtes si jeune je pense,
Que vous êtes presque en enfance.

ORONTE.

AIR: *Comment donc sur quel ton.*

Puisqu'aujourdhui vous traitez de chanson
Ce qui devroit vous servir de leçon,
Pour vous ranger enfin à la raison,
Dès le moment je vais tout entreprendre.

B

ARGANTE.

Comment donc? fur quel ton
Ofe-t-on?

ORONTE.

C'eft le ton, c'eft le ton, qu'il faut prendre.

ARGANTE.

Je m'embarraffe fort peu de vos menaces. Ma
Nièce fera pourvûë, quand il me plaira.

ORONTE.

Quand il vous plaira?

ARGANTE.

Ouï!

ORONTE.

AIR: *Ah! ah! ah! voyez donc comme il y viendra.*

Et moi je gage,
Qu'avant le jour fini,
De votre Niéce un bon mari,
Malgré vous fera le partage.

ARGANTE.

Ha! ha! ha! voyez donc comme il viendra,
Tata tou, falira, lonfa.

ORONTE *en s'en allant.*

La vieille folle.

ARGANTE.

Le vieux Radoteur.

SCENE IV.

ARGANTE, CRISPIN.

ARGANTE.

Crispin !

CRISPIN.

Madame.

ARGANTE.

Il faut me donner aujourdhui des preuves de
ta fidélité.

CRISPIN.

AIR: *Des fraises.*

Pour mon devoir, mon amour
Me rend prêt à tout faire,
Faut-il agir nuit & jour,
Et se mettre en quatre pour,
Vous plaire, vous plaire, vous plaire.

ARGANTE.

Ecoutez, mon bourru de beau-frère s'est
mis en tête de marier ma Nièce; il faut qu'il en
ait le démenti.

AIR: *De notre Cabane.*

Redouble ta peine,
Crispin mon ami,
Et ne souffre point ici
De figure humaine,
N'y d'Amant transi.　　bis.

CRISPIN.

Je voudrois bien que quelqu'un vint s'y frot-
ter, il verroit beau jeu, ma foi. Je lui Coupe-
rois net les deux oreilles, & je les mettrois dans
ma poche.

ARGANTE.

Va dire à Lisette, que je veux lui parler.

SCENE V.

ARGANTE, *seul.*

IL faut avouër que j'ai là un bon Domestique;
dès que je l'ai vû, j'ai senti qu'il seroit mon
fait.

SCENE VI.

ARGANTE, LISETTE.

LISETTE.

MA chère Tante, Crispin vient de me dire que vous me demandez; que souhai-
tez-vous de moi?

ARGANTE.

AIR: *Pour la Baronne.*

Votre presence
Me fait plaisir en ce moment,

                      Venez,

Venez, vous oubliez je penſe,
Ce que l'on doit faire en entrant,
La révérence.

Retournez, s'il vous plaît.

AIR : *Blaiſe revenant des Champs.*

Quittez cet air indolent,
  Tout dandinant.... bis
Je n'ai jamais vû d'Enfant,
Si ſot & ſi bête.
Levez donc la tête.

AIR : *Le trot, le trot, le trot.*

Je ne ſçai pas pourquoi
Vous avez cette allure,
Tenez, regardez-moi,
Voilà votre figure.
Il faut aller de cette façon là, de cette fa-
çon-là,
Le menton bas, non pas comme cela.
Non pas comme cela.
Qu'on a de peine avec les Enfans!

AIR : *Com' voilà qui eſt fait.*

ça, préſentez moi vctre ouvrage.
Cette fleur eſt tout de travers,
Vous avez manqué ce feüillage,
Ce brun - là devroit être clair.
Faut-il que je vous le répette?
Vous avez l'eſprit bien diſtrait,
Hé! qu'eſt-ce que ceci, fillette?
Regardez un peu ce bouquet,
Com' voilà qui eſt fait. bis.

LISETTE.

Celui-là, eſt-il bien, ma chère Tante?

ARGANTE.

Pas mal. Si vous vouliez vous appliquer,
Vous profiteriez, mais vous ne penfez qu'à jouër,
Ha! que vous ne me reffemblez guere.

AIR: *Que je regrette mon Amant.*

Je m'occupois inceffamment,
Quand j'étois à l'âge où vous étes,
Et j'en faifois dans un moment
Plus qu'en deux heures vous n'en faites;
Je travaillois fi joliment,
Que l'on m'en faifoit compliment,
Je tricotois,
Je filois,
Je coufois,
Je brodois,
Si joliment,
Que l'on m'en faifoit compliment.

LISETTE.

Ma chère Tante.

AIR: *Je ferai mon devoir.*

Je vous promets à l'avenir,
De vous mieux obéir ... bis.
Et que du matin jufqu'au foir
Je ferai mon devoir... bis.

ARGANTE.

Songez que vous n'étes plus un Enfant. Hélas!
Ce que je lifois l'autre jour, eft bien véritable.

AIR: *Ne vous laiffez jamais charmer.*

C'eft lorfqu'on devroit avancer,
Que l'on recule davantage,
Fille qui commence à penfer,
Ne fonge guére à fon ouvrage.
Voyons votre Ecriture.

LI-

LISETTE.

La voici.

ARGANTE.

AIR: *Petite brunette il ne faut pas.*

Grands Dieux! que veut dire cela?   bis.
Vous plairoit-il de me l'apprendre?
    Clitandre, Clitandre. Voilà
    Toute une page de Clitandre.

LISETTE.

D'ame, je ne fçai pas; c'eſt un nom qui m'eſt
venu dans la tête.

ARGANTE. *bas.*

N'y auroit-il point quelque choſe là-deſſous?
Il faut que je la queſtione un peu....

LISETTE.

Ma chère Tante.

ARGANTE.

Quelqu'un ne vous a-t-il jamais parlé d'amour?

LISETTE.

D'amour! qu'eſt-ce que c'eſt que cela?

ARGANTE.

Ce que vous devez éviter avec ſoin.

LISETTE.

Ayez donc la bonté de me dire, ce que c'eſt
que l'amour.

AIR: *Que faites vous Marguérite.*

Il faut que j'en ſois inſtruite.

ARGANTE.

Pourquoi?

LISETTE.

    Comment, s'il vous plaît,
Voulez-vous que je l'évite
Si j'ignore ce que c'eſt?

ARGANTE.

Elle m'embarraffe... L'Amour eft un Enfant.

LISETTE.

Un Enfant.

AIR : *Va-t'-en voir s'ils viennent Jean.*

De le fuïr foigneufement
Eft-il néceffaire
Si l'Amour eft un Enfant,
Quel mal peut-il faire.... bis.

ARGANTE.

Le Ciel vous préferve de l'éprouver,
C'eft un Enfant plus à craindre qu'un Géant.

AIR : *Hay, hay, hay, Jeannette.*

Par un difcours cajoleur
Il amorce une fillette ;
Mais, fi-tôt que du voleur
On écoute la fleurette,
Aye, aye, aye,
Aye, aye, aye, Jeannette,
Jeannette aye, aye, aye.

Quand une fille s'éloigne de fa Mere, ou une Niéce de fa Tante.

AIR : *Si c'eft par nature.*

Il la fuit à pas de loup,   bis.
Dès qu'il peut faire fon coup,
Crac. Le petit drole
La filoute, lui prend tout,
Et puis zefte il s'en vole.

LISETTE.

Que faut-il faire pour s'en garantir, ma chère Tante....

ARGANTE.

Je vais vous le dire. Comme il prend fouvent

la

la figure d'un Cavalier, il faut vous tenir en garde, contre les difcours des hommes, par éxemple, fi quelque garçon vous aborde civilement & vous dit : mon petit cœur, m'a Reine, écoutez-moi : à tout ce qu'il vous dira repondez non, toujours non.

LISETTE.

Cela fuffit, je vous obéirai.

SCENE VII.

LISETTE, CRISPIN, ARGANTE.

CRISPIN.

MAdame, un de vos fermiers vous demande.

ARGANTE.

Je vais lui parler. Ma Niéce, que je trouve à mon retour vôtre ouvrage plus avancé.

LISETTE.

Ouï, ma chère Tante,

CRISPIN *bas.*

J'y aurai l'œil, Madame, profitons de l'occafion & tâchons d'introduire mon Maître.

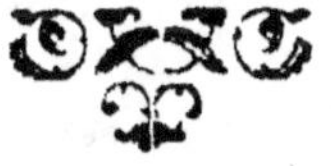

SCENE VIII.

LISETTE *seule.*

AIR. *Ah! c'est un certain je ne sçai.*

QUel changement s'est fait en moi,
Lorsque j'ai vû Clitandre,
Non, non, je n'y puis rien comprendre,
Mais c'est lui même que je voi,
Je sens un certain, je ne sçai qu'est ce,
Je sens un certain, je ne sçai quoi,

Ma Tante a beau dire, je ne puis croire que
ce soit un voleur, & quand je pense qu'il faut
dire Non, cela me fâche.

SCENE IX.

LISETTE, CLITANDRE.

CLITANDRE.

BElle Lisette, il m'est donc permis de vous
voir, en êtes-vous aussi charmée que moi?

LISETTE.

Non.

CLITANDRE.

Qu'entens-je! est cela le bonheur dont Crispin
m'a flatté? parlez-moi ma Reine, ne craignez,
point de m'ouvrir votre cœur.

AIR.

AIR : *Quand je vous ai donné.*

Approuvez - vous les fentimens
D'une amoureufe flame ?

LISETTE.

Non.

CLITANDRE.

Le plus fidelle des Amans
A-t-il touché votre ame ?
LISETTE.

Non.

CLITANDRE.

Quoi ! pour le prix de tant d'amour
Je n'ai pas le moindre retour ?
LISETTE.

Non.

CLITANDRE.

Voilà des Reponfes bien La coniques. Monfieur Crifpin, vous me le payerez. Voyons encore.

AIR : *Pourquoi n'avoir pas le Cœur tendre.*

Vous condamnez donc ma tendreffe ?
LISETTE.

Non.

CLITANDRE.

Et vous refuferiez mon Cœur ?
LISETTE.

Non.

CLITANDRE.

Vous voulez que mon ardeur ceffe ?
LISETTE.

Non, non, non.

CLITANDRE.

Dieux quel eft mon Bonheur !
Je ne puis retenir mes tranfports.

AIR:

AɪR: *Quand le péril eſt agréable.*

Pardonnez-les, je vous ſupplie,
Tant d'attraits doivent m'éxcuſer.

SCENE X.

LISETTE, CLITANDRE, ARGANTE.

ARGANTE *lui donnant ſa main.*

S'Il vous faut des mains à baiſer,
Contentez votre envie,
   Ah! ah! je vous y trouve, retirezvous, Mademoiſelle, nous verrons ſi vous m'avez obéï, & vous.

AɪR: *Pata, pata, pan.*

Je vous conſeille, beau Galand,
D'aller chercher un autre gite;
Ce Bâton-là dur & peſant,
Si vous ne ſortez au plus vite,
Pata, pata, pan, patapan, pan, pan,
Sur vous tombera dans l'inſtant.

SCENE

SCENE XI.

ARGANTE, CRISPIN.

CRISPIN.

AIR: *Je suis un bon Soldat.*

QU'eſt ce que j'entends là?
Tita, ta.
Qui vous met en colére,
Madame, le maraud?
Tot, tot, tot,
Va mordre la pouſſière.
Ah! ventre, ah! tête ah! mort.

AIR: *Les trembleurs.*

Dans la fureur qui m'anime,
Il faut que mon bras l'oprime,
Et faſſe en lavant ſon crime,
Un exemple à l'Univers,
C'eſt en vain que par la fuite,
Il veut tromper ma pourſuite,
La colere qui m'agîte,
Le ſuivra juſqu'aux enfers.

Pardonnez, Madame, je ne vous voyois pas,
dans ma fureur je ne connois perſonne.

ARGANTE.

Ce Garçon-là eſt un tréſor. Mon cher Crispin je ſuis contente de ton zèle; je vais parler
à ma niéce pour découvrir le miſtère de cette
avanture; tiens toi ici.

SCE-

SCENE XII.

CRISPIN, CLITANDRE.

CRISPIN *appellant son Maître.*

ST. St. Monsieur,

CLITANDRE.

Ah! Crispin, quel est mon trouble & que vais-je devenir!

CRISPIN.

Il est bien question de faire ici le langoureux!

AIR: *Quand je tiens de ce jus d'Octobre.*

De ces pleurs de cette tristesse,
Croyez moi, suspendez le cours,
Un Amant qui se plaint sans cesse,
Mérite de languir toujours.

Il s'agit de voir qu'elles mesures nous prendrons.

CLITANDRE.

C'est en toi seul qu'est mon espérance, mon cher Crispin.

CRISPIN.

Paix, paix.... ouï.... c'est cela.... point du tout.... attendez.... vivat.... je le tiens.

AIR: *Laire la, laire lan la.*

Je viens d'imaginer un tour,
Monsieur, avant la fin du jour
Vous verrez ce que je sçai faire,
Laire &c.

J'ai

J'ai lû dans les yeux de Madame Argante quelle n'eſt pas infenſible, & ſans vanité nous avons
du mérite, j'en tire un bon augure pour mon
projet; vous-avez la clef de ma chambre, allez
y juſques à nouvel ordre, je vais penſer au
moyen de vous rendre heureux.

SCENE XIII.

ARGANTE, LISETTE.

ARGANTE.

CE que vous me dites eſt-il bien vrai?

LISETTE.

AIR: *Les filles de Nanterre.*

C'eſt la verité pure.
A chaque queſtion,
Ma Tante je vous jure,
Que j'ai repondu Non.

ARGANTE.

Ne me mentez pas au moins, voilà un petit
doit qui me dit tout.

LISETTE.

Eh bien, il a du vous dire que je vous ai
obéï.

ARGANTE.

Cependant ce Monſieur vous a pris la main
& vous l'avez ſouffert.

L I-

LISETTE.

AIR: *La ferrure.*

Tremblante, confufe, étonnée,
Dans le trouble extrême où j'étois,
Mes forces m'ont abandonnée,
Je voulois fuïr & ne pouvois.

ARGANTE.

Dites-moi un peu , comment ce Monfieur eft-il entré au Logis ? qu'eft ce qu'il demandoit?

LISETTE.

Il demandoit mon Oncle.

ARGANTE.

Votre Oncle ? voilà ce que je voulois fçavoir. Allez étudier vos leçons & fur les yeux de votre tête que je n'entende point parler de vous.

SCENE XIV.

ARGANTE *feule.*

C'Eft mon béneft de Frère qui m'a joüé ce tour-là. Hom, j'ai bien envie de faire une chofe pour le déconcerter : je fçai bien que je ferai controlée , mais on voit des femmes plus âgées que moi faire des folies.

SCE-

SCENE XV.

ARGANTE, CRISPIN.

ARGANTE.

AH, te voilà ! je t'allois appeller pour te faire une confidence. Je veux me remarier.

CRISPIN.

Parbleu ! j'en suis charmé, mais je crois avoir laissé la porte ouverte, on peut nous entendre, permettez que je voye .... *(bas)* Tout favorise mon dessein, dressons nos batteries.

(Il laisse tomber une lettre & va voir à la porte.)

ARGANTE *ramassant la lettre.*

Ha, ha, qu'est-ce que cela ! *(elle lit)* Je te donne avis, mon cher Chevalier, que ton affaire va bien, les parens du Comte, qui te croyoit aux païs étrangers, sont disposez à un accommodement ; ainsi j'espére que tu ne joüeras pas long-tems le rôle de Crispin, & que dès que tu auras payé vingt mille francs, dont on se contente, tu redeviendras le Chevalier Deplumoyson : c'est ce que désire de tout son cœur ton ami, le Marquis de Bellecourt.

C'est à Crispin que cela s'adresse. Ciel ! quelle agréable surprise, je me suis toûjours doutée qu'il étoit tout autre que ce qu'il paroissoit.

AIR : *Ah vraiment je m'y connois bien.*

Non, non, je ne m'y trompe guére,
Ce n'est pas un homme ordinaire,
Je l'ai vû par son entretien,
Ah ! vraiment je m'y connois bien.

SCENE XVI.

CRISPIN, ARGANTE.

CRISPIN.

M Adame, vous-pouvez à présent me con-
fier....

ARGANTE.

Vous le meritez bien ma foi, vous qui vous
cachés de votre Maîtresse ?

CRISPIN,

Moi, Madame ?

ARGANTE.

Venez, venez que l'on vous parle.

CRISPIN.

AIR : *Non, non, il n'est point de si joly.*

Non, je n'en suis point capable,
Ce langage me surprend.

ARGANTE.

Sous cet air peu respectable,
Je sçai quel est votre rang,

Et

Et non, non, il n'est point de si joli nom
    Que votre nom véritable,
Et non, non, il n'est point de si joli nom,
    Que celui de Plumoison.

CRISPIN.

Qu'entens-je?

ARGANTE.

Je vous parle en connoissance de cause, Monsieur le Chevalier tenez.

    (Crispin prend la Lettre & la lit bas.)
Qu'il est aimable, qu'il a de graces,

AIR: *Vous qui vous moquez par vos ris.*

Je ne puis sans un doux transport,
    Et le voir & l'entendre,
Feu mon Epoux avoit ce port,
    Ce regard doux & tendre,
Si le défunt n'étoit pas mort,
Je pourrois m'y méprendre.

CRISPIN.

Madame, je voudrois en vain vous le cacher, c'est une affaire d'honneur, ne me perdez pas. Je vous en conjure.

ARGANTE.

Vous m'offencez par cette priere; que ne pouvez vous lire dans mon cœur, vous y verriez que je n'ai point de plus grand plaisir au monde, que d'obliger un galant-homme, & que si vous avez besoin de ma bourse pour changer votre situation....

CRISPIN.

Changer ma situation? J'en serois au desespoir.

        AIR:

A I R : *Comme un coucou.*

Je préfére mon efclavage
Au deftin le plus glorieux,
Il n'eft rien qui me dédommage
Du plaifir de voir vos beaux yeux.
Car, enfin je ne puis plus garder le filence.

A I R : *J'entens le moulin tique taque.*

Lorfque l'amour pour m'enchanter,
A vos yeux vint me préfenter,
Je dis en moi-même auffi-tôt,
Eh! oüi vrayement voilà ce qu'il me faut,
Je fentis mon cœur tique, tique, taque,
Je fentis mon cœur taqueter.

A R G A N T E.

Hé bien Chevalier, il ne tiendra qu'à vous
d'être heureux; tenez, fans tant de préambule.

A I R : *Le Maître fou que voilà.*

Par un bon mariage
Uniffons nous tous deux.

C R I S P I N.

Un fi charmant partage
Comblera tous mes vœux.

A R G A N T E.
Moi, vous me croyez prête.

SCENE XVII.

ORONTE, ARGANTE, CRISPIN, LISETTE, CLITANDRE un Notaire.

ORONTE *écoutant.*

HA, Ha,
Le joly tête, à tête,
Le beau duo que voilà.

ARGANTE.
Mon frere sera bien attrapé.

AIR: *Dans un amoureux miſtère.*

Ah! que je ferai ravie,
De voir ce beau Controleur
De dépit l'ame remplie,
Murmurer de mon bonheur.

ORONRE.
L'Extravagante!

ARGANTE.
Il crévera de douleur.

ORONTE.
L'impertinente!

CRISPIN.
Allons, mon adorable, ne differons plus; je brule, j'étouffe, je meurs,

Air : *L'avez vu passer.*

Tant d'attraits que voilà,   bis.
Font que mon cœur foupire,
      olire, olire ;
Soulagez mon martire.

A R G A N T E.

Lire hola !

C R I S P I N.

Souffrez du moins que fur cette main blanche
je prenne quelque lénitif.

A R G A N T E.

Il me fait pitié.

C R I S P I N.

Ma Reine, ma Charmante.

Air : *Quand le peril eft agriable.*

Jufqu'à ce que l'Himen nous lie,
Cela ne fe peut refufer.

O R O N T E.
(*les furprenant, & dit en riant.*)

S'il vous faut des mains à baifer,
Contentez votre envie.
Le bon petit cœur de femme que ma fœur,
Monfieur, je vous félicite.

A R G A N T E.

Le voilà charmé, riez, riez, le grand Ni-
gaud. Vous ne fçavez donc pas que Monfieur eft
Gentilhomme.

O R O N-

O R O N T E.

Je le fçai, ma Sœur, & bien loin de vous blâ-
mer, je fuis ravi de vous voir dans la difpofi-
tion de faire la fortune de Monfieur le Chevalier. Tout ce que je vous demande c'eft de
confentir que ma Niéce...

A R G A N T E.

Puifque c'eft votre Niéce, vous en pouvez
faire ce qu'il vous plaira.

O R O N T E.

J'en ferai l'Epoufe de Clitandre ; c'étoit mon
intention, & j'ai fait avertir le petit Notaire
que voici.

C R I S P I N *à Madame Argante.*

Hatez-vous de figner leur mariage pour penfer au notre.

A R G A N T E.

Donnez.

C L I T A N D R E.

Belle Lifette, quel eft mon bonheur !

L I S E T T E.

Ma chere Tante, que ne vous dois-je point ?

Air: *De Cap de Bon Efperance.*

Ne croyez par que j'oublie
De bonté ce trait charmant.

CLITANDRE.

Recevez-en, je vous prie,
Mon juste remerciment,
Pour terminer au plus vite,
L'amour veut que je vous quite.

CRISPIN.

Le suivre est de mon devoir,
Serviteur, Adieu.

LE NOTAIRE.

Bon soir.

ARGANTE.

Chevalier ! Chevalier !

CRISPIN.

Madame, en vérité... c'est trop d'honneur...
votre bonté .... mon peu de mérite .... font
que je ne puis .... je suis le votre de toute
mon ame.

ARGANTE.

Le perfide m'abandonne, ha ! je suis trahie,
mais je n'en serai pas la dupe, & je me ma-
rierai à quelque prix que ce soit. Messieurs, si
quelqu'un de vous veut épouser une petite veu-
ve, je suis à lui, & je vous assure qu'il trou-
vera mieux qu'il ne pense.

AIR.

AIR: *L'Amour est un voleur.*

J'ai sous des cheveux gris
L'humeur assez jolie,
Sans trop de flaterie,
Je vaux encor mon prix,
Vive, fringante, preste,
On me trouve encor des apas,
Et zeste, zeste, zeste,
Bien de jeunes filles n'ont pas
Un si beau reste.

EPI-

EPILOGUE.

ACTEVRS.

JULIE.
LE CHEVALIER.
LA RANCUNE.

LES PETITS COMEDIENS.

JULIE, LE CHEVALIER, LA RANCUNE.

LA RANCUNE.

Vous venez de voir nos Eléves, qu'en dites-vous, Madame?

JULIE.

J'en suis fort contente.

LA RANCUNE.

Et vous, Monsieur le Chevalier?

LE CHEVALIER.

Ils m'ont fait plaisir.

LA RANCUNE.

Des suffrages si glorieux, doivent les encourager.

JULIE.

Nous jugeons du Maître par les Ecoliers.

LE CHEVALIER.

Monsieur de la Rancune, je vous fais mes complimens; vous allez peupler la terre de Césars & d'Impératrices.

L A

LA RANCUNE.

Je ne suis pas inutile au Public, comme vous voyez.

JULIE.

Où sont ces petites bonnes-gens; qu'ils ne partent point sans que je les voye.

LA RANCUNE.

Ils auront l'honneur de prendre congé de la Compagnie, mais ils voudroint auparavant vous donner un petit balet.

LE CHEVALIER.

Ah! Ah!

LA RANCUNE.

Aurez-vous la bonté de le permettre?

LE CHEVALIER.

Ces Messieurs ne font pas les choses à demi. Il faut voir cela, Madame.

JULIE.

Volontiers, mais il est un peu tard.

LA RANCUNE.

Leurs danses ne feront pas longues. Allons Messieurs de la Simphonie.

VAUDEVILLE.

PAr l'âge, ni par la grandeur,
Ne jugeons jamais d'un Acteur,
Ceux-ci dont je suis satisfaite,
Font voir que pour être amusans,
Les petits Toure lourirette,
Valent bien les grands.

LA RANCUNE.

Quand du cothurne les Héros
Lassent la Cour par leurs grands mots,
A Paris la troupe cadette
Reçoit des applaudissemens,
Les petits &c.

Tous les jours dans les jardinets
On trouve les plus beaux bouquets,
Et des arbres nains la cueillette
Donne des fruits les plus charmans,
Les petits &c.

Ah!

Ah! que nous nous croyons heureux,
Si l'on eſt content de nos jeux!
En ſortant que chaqu'un repette,
Ces mots pour nous ſi raviſſaus,
Les petits &c.

De la bravoure des Soldats
La taille ne décide pas,
Bien ſouvent, lorſque la trompette
Apelle au feu les combattans,
Les petits &c.

CRISPIN.

Que mon deſtin ſeroit charmant,
Si le Spectateur en ſortant
Diſoit d'une voix ſatisfaite:
Criſpin me plait, il eſt brillant,
Ce petit toure-lourirette
En vaut bien un grand.

FIN.

www.ingramcontent.com/pod-product-compliance
Lightning Source LLC
LaVergne TN
LVHW021155200726
843510LV00001B/382